산 쪽으로 창문을 연다

산쪽으로 창문을 연다

김태림 제2시집

세종출판사

| 작가의 말 |

햇살 따사로운 창가에 앉아
먼 산을 향해 햇살로 낚시질을 한다.
그러면
오래전에 잊혀진 추억들이
알알이 송알송알
싸리꽃에 맺힌 이슬방울처럼
햇살끝에 매달린다.
그렇게 되살아났다가는
아침이슬처럼 사라져버리기 일쑤지만
곧 서운함으로
가슴속은 알싸해지고 말지만
먼 산을 바라보는 날엔
눈물도 그리움도 한 줄 시가 되어
낚이는 재미,
오늘도 이 지상 위에 해가 뜨고
가슴 뜨끈한 시 한 줄에 취한다.

2018년 여름
김 태 림

간지 사진 : 김태림

차례

1부

2부

3부

4부

| 후기 |

1부

새로 사랑을 그리다

촛불의 향기처럼

창밖엔 밤 깊도록 겨울비가 내린다
잠들지 못한 고요 속으로
솔향기처럼 젖어드는 추억 한 자락

친구에게 선물 받은
양초 한 자루
사랑이란 글자가 새겨진 양초에 불을 붙였다
솔향기처럼 퍼지는 향기
촛불도 향기를 내기 시작하는 시대
제 몸 태움으로도 다하지 못해
향기를 발산하는 촛불
사랑이 사라지듯,
사랑이 눈물을 흘리면서 사라져버리듯
사랑이란 글자가 다 녹아내릴 때까지
방안 가득히 퍼지는 향기
언젠가 우리 오솔길을 걷던 길의 솔향기 같은
향기를 타고
창밖엔 쉼 없이 겨울비가 온다

그리울 땐 산 쪽으로 창문을 연다

문득, 문득, 떠오르듯이
고운 슬픔이 잔물결처럼 일렁일 땐
산 그림자 짙은
산 쪽으로 창문을 연다

예고도 없이 계절이 바뀌고
가을 단풍잎 마지막으로 지는 날
깊은 산 어딘가에서
밤새도록 잠들지 못한 산새처럼
그리움이 밀려올 땐
산 쪽으로 창문을 연다

한겨울 함박눈 밤새 내리고
말없이 함박눈 하얗게 쌓이고
동백나무에 앉아 우는 동박새처럼
그리움이 정수리 끝까지 솟구쳐 오를 땐
산 쪽으로 창문을 연다

도둑처럼 세월이 가고
어느 허공에서
산이 그리운 산새처럼

살아갈수록
텅 빈 흔적이 아파올 땐
산 그림자 짙은
산 쪽으로 창문을 연다

눈 내린 아침의 서사

밤새 내린 눈이 세상을 하얗게 덮어 버렸다
꿈같은 세상,
정원에서 아침마다 지저귀던 새소리도 들리지 않는
고요
어떤 누구의 우월함도 추함도 거짓도 묻혀버렸다
신이 나에게 내린 아주 특별한 백지에
그림을 그려본다
새로 사랑을 그린다
그의 눈동자를 선한 기쁨으로 가득 차게 하고
미소는 나비처럼 그린다
늘 두근거리는 그리움은 왼쪽 가슴 심장 옆에
고운 꽃처럼 놓았다

그의 눈동자가 행복하게 반짝이고
미소가 백지 위를 하늘하늘 날아다니고
심장이 두근거리기 시작하는데
어디선가 다람쥐 한 마리가 나타나
하얀 백지에 발자국을 꼭꼭 찍고 다닌다
다람쥐는 눈치도 없이 자꾸만 총총 발자국을 찍어댄다
공들여 지은 집이 무너지듯
그림이 망가지고 말았다
그의 눈동자도 미소도 사라지고 말았다

바람과 생명

바람에 부지런히 가지 흔드는
나무들을 보라,
만약 바람이 불지 않는다면
나무들 부동으로 서 있겠지
바람이 불지 않는다면
하늘의 저 구름들
제자리에 붙박아 서서 심심하겠지
바람이 불지 않는다면
민들레 홀씨는 똑바로
제 발등에 떨어져 앓아눕겠지
바람이 불지 않는다면
바다는 굽이굽이 물이랑을 만들지 못하고
파도의 함박꽃도 피우지 못한 채 그냥 바다겠지
바람이 불지 않는다면
너와 나는 따로따로 앞만 보고 걸어가겠지
걸어가다가 걸어가다가
어느 삭막한 사막에서 목이 찢어지도록
목 놓아 울다 한 알의 모래가 되겠지
이 세상 모든 것 살아있는 모든 것
석고처럼 딱딱하게 굳어버리겠지
만약 바람이 불지 않는다면
그리움도 돌이 되겠지

명주저고리

투명한 가을 하늘 빛 같은 고운 명주를
가위로 새처럼 날듯이 사뿐사뿐
마름질 해 놓고는
세상에서 가장 가는 바늘을 골라
명주실을 꿰어
한 올 한 올 조심조심 씨실과 날실을 넘나든다
사르르, 사르르, 바늘이 지나간 자리마다
등솔이 올곧게 서고, 소매를 연결한 진동의 곡선이
청산유수처럼 흘러내린다
뜨끈한 인두를 입으로 호호 불어가며
뾰족한 인두 끝으로 살짝 눌러 살려낸
깃과 도련의 둥근 곡선이 조선여인처럼 조신하다
날렵하게 뽑아낸 앞섶은 미인도의 코
여인의 고운 목덜미를 상상하며
시원하게 내리뻗은 하얀 동정을 달고는
연 꼬리처럼 길게 늘어진 옷고름을 달아
저고리 짓기를 마쳤다
그리운 이를 목마르게 기다리듯
몇 날 며칠 불면의 밤을 지새워
남빛 명주저고리가 내 손에서 태어나던 날
터져 나온 나의 탄성
간절한 기다림 끝에 옥동자를 낳은 여인처럼
울컥해진 가슴을 타고 흐르는 진양조의 강물 소리

외로운 시골버스

열차를 타고 김천역에 내려
다시 고향으로 가는 버스를 탔다
길가엔 연분홍 벚꽃, 노란 개나리가 피어
길을 한껏 치장해 놓았다
시골버스는 서너 사람 손님을 태우고 텅 빈 것처럼 달린다
서너 곳 정거장을 지나자
남은 건 나 한 사람뿐
버스는 나 하나를 태우고 외롭게 달리면서
내릴 손님이 없어도 어김없이
다음 정류소 안내 방송을 한다
갈수록 새로 생긴 낯선 도로,
소녀시절, 그 많던 사람들은 다 어디로 가버렸는지,
솟구쳐 오른 아득한 저편,
딱 이맘때 단발머리 소녀는
부모 몰래 사십 리 길을 걸어가 사진을 찍었던 기억
그때 수십 리 먼 길에 나를 내려놓았던 버스가
이제는 저 혼자 쓸쓸하게 달린다
길가에 연분홍 벚꽃, 노란 개나리를 치장해 놓았어도
어쩐지 쓸쓸해진 길

꽃에 대한 은유법

말言은 꽃으로 피고 싶다
은은한 난향처럼,
가을날 국화꽃 향기처럼,
말은 사람의 입속에서
향기로운 꽃으로 피고 싶다
누가 쏟아 놓은 말에 누가 아파할까 봐
말은 말을 두려워 한다
누가 쏟아 놓은 말에 누가 슬퍼할까 봐
말은 말을 냉정하게 바라본다

말은 가시가 되고 싶지 않다
날카로운 탱자나무가시나
호랑가시가 되고 싶지 않다
말은 가시투성이 엉겅퀴 꽃이 되고 싶지 않다
나무를 칭칭 감아올리는 칡넝쿨이 되고 싶지 않다
말은 독한 옻나무가 되고 싶지 않다

말은 은은한 난향처럼,
가을날 국화향기처럼,
세상에 향기를 날리고 싶다
사람의 입속에서 꽃으로 피어

누군가를 행복하게 만들어주고 싶다
말은 사람의 입속에서
언제나 꽃으로 피고 싶다

도솔암

저 아래 속세를 내려다보며
달마산 정상에 바위로 병풍을 치고
기암괴석 위에 뜬 구름처럼 앉아 있는 도솔암
기왕이면 하늘과 가까운 멀고 먼
도솔암을 찾아가기로 했다
가도 가도 끝없는 가시덤불을 지나
돌너덜길 발이 닳도록 수없이 지나
구불구불 구절양장 산굽이를 돌고 돌아
도솔암에 올라
절을 올리고 또 올리고
절을 올릴 때마다
온몸을 휘감는 달마산 찬바람
절을 올릴 때마다
하나씩 벗겨지는 짐
홀가분하게 돌아오는 발걸음
갈 때는 천근 무게 짐이더니
내려올 때는 새털처럼 가벼워진 짐
절반쯤 내려오다 뒤돌아 본 나에게
험한 길 오느라 고생 많았다는 말 대신
지그시 감은 눈을 뜨고
말없이 웃어주는 도솔암 부처님

내 작은 채전 밭

부엌 베란다에서 상추가 자라고 있다
화분에 흙을 담아 상추씨를 뿌렸다
낮엔 햇살이 들렀다 가고
밤엔 별빛이 들렀다 가더니
씨앗이 싹을 틔우고
어느새 잎이 무성해졌다
귀여운 아기가 재롱을 부리듯이
한들한들 몸을 흔드는 잎을 보며
대낮에 포도주 두어 잔 마신 듯
신비로움에 취한다
속잎 몇 장 남겨두고 뜯어내도
하룻밤 자고나면 새살이 돋아나듯
다시 자라나는 새잎
세상 슬픈 일들도
상추처럼 치유 받기를 빌며
상추쌈을 먹을 때마다
상처 잘 받는 내 마음도
상추처럼 금세금세
새살이 돋아나는 소리가 들린다

나무와 그늘

나무들, 한여름 땡볕 아래
가지를 활짝 펼쳐놓고 묵묵히 서 있다
나뭇잎 속에서 새들은 조잘대고
사람들은 그늘 아래서 시원하게 땀을 식힌다

나는 누군가를 위해
손바닥만 한 그늘이라도 드리웠던 적
있었던가를
스스로 물어볼 생각도 하지 않은 채
시원하다는 감탄사만 펴내기에 바쁠 뿐

새들은 그래도
아름다운 노랫소리라도 들려주지만
한 치 그늘도 만들지 못한 나는
오로지 나만을 위하여
나무 그늘 아래 쉬었다 갈 뿐

어쩌다 바람이 불어오고
그때마다 나무는 나뭇잎을 팔랑거리며
고단한 땀을 식힌다

감시카메라 1

달이 세상을 내려다본다
지하도 환기구 벽에 기대어 소변을 보고 있는
남자

달이 아래를 내려다본다
환기구 틈바구니에 터를 잡아 꽃을 피운 민들레
방실방실 웃고 있는 노란 꽃 한 송이

달이 아래를 내려다본다
속내를 감추고 여성의 뒤를 따르는
남자들
양심을 검은 비닐봉지에 싸서
길거리 모퉁이에 몰래 내다 버린
남자들

달이 아래를 내려다보다
그만 까무러지고 만다
시커먼 먹구름 속에 숨어버린 달

감시카메라 2

아침 일찍 창문을 열었다
공기들이 나가고 들어오느라 야단이다
상쾌해진다
나는 상쾌한 기분으로 길거리를 살핀다
길가에 야쿠르트 수레가 서 있다
수레 옆에서 바나나를 먹고 있는 야쿠르트 아줌마
아줌마가 주변을 살피더니
바나나 껍질을 길가에 던져버린다
척, 길가에 떨어진 바나나 껍질
눈에 거슬린다
아줌마가 몇 초 동안 바라보더니
바나나 껍질을 발로 차 하수구에 밀어 넣어버린다
오늘도 내 눈에 고스란히 찍힌 광경
아줌마는 아무렇지 않게
야쿠르트 수레를 끌고 간다
내 눈은 계속 그녀의 뒤를 따라간다
그녀가 남기고 가는 발자국이 어지럽다

매화를 보러갔더니

널 만나려고 어젯밤 뜬 눈으로 지새우며
해남까지 달려갔더니
넌 이미 져버리고 없더라
사방을 두리번거리며 물어보고 바람을 붙잡고 물어봐도
모두 고개만 설레설레 흔들 뿐,
눈부신 신부의 드레스처럼
포근한 너의 품속에서
사뿐사뿐, 철없는 아이가 되어
재롱이나 실컷 부려 볼까 했더니
너의 어깨에 포근히 기대어 한시름 털어 낼까 했더니
또 한 해를 기다려야 하나
가슴 텅 빈 아쉬움을 안고 돌아서는 길
붙잡는 이도 없는데 자꾸만 뒤돌아보는 발길

어디로

예수는 하나님을 외친다
공자는 충효를 외친다
노자는 자연으로 돌아가라 외친다

난 어디로

모두 싫으면
하늘 땅, 산과 들이 없는
어느 먼 곳으로 나 홀로 새처럼 훨훨 날아가
밤이슬이나 받아먹고
구름처럼 떠돌며 그렇게 살아야 하나

난 어디로

애걸복걸하지 않아도
공자의 뜻대로 살다가 때가 되면
노자의 뜻으로 돌아가
예수의 뜻대로 될 것을

난 어디로

이카루스의 아버지 다이달로스 같은
아버지도 없는데
그들은 자꾸만 외친다

난 어디로

11월의 진달래꽃

노래하던 풀벌레 소리도 그쳤다
쌀쌀한 십일월 중순
나뭇잎들이 슬슬 떨어지기 시작하는데
양지바른 곳에서 진달래가 피었다

시냇물 소리도 조심조심 흐르는
어느 봄날,
두근거리는 소녀의 가슴속에
살며시 찾아든 연분홍 진달래

이제는 11월도
나에게 봄으로 다가오는 계절
나이를 가로막고 선 시간의 배려

겨울로 가는 길목에서도
가슴속에 연분홍 진달래가 피어
노상 봄 처녀로 살고도 남겠다

행복한 이유

벗어던질 수 없는 고달픈 일상
저물어가는 고갯마루에서 지는 해를 바라보며
생각에 잠긴다
내 얕은 가슴속에 동그마니 자리잡고 있는
그래도……, 라는 피안의 섬 하나
그래도, 내 작은 몸 눕힐 곳 있어
행복하고
손발 두 다리 움직일 수 있어 행복하다
두 눈이 있어 세상을 보고
종종 시집을 읽고 시를 쓰고
두 귀가 성해 노래를 듣고 새소리를 듣고
노래 부르고 더러는 흉도 보고 칭찬도 하면서
말을 할 수 있어 행복하다
가끔 지하철 계단을 오르내릴 때
나를 향해 내미는 손에
동전 한 푼 쥐어 줄 수 있어 행복하다
쉬지 않고 밀려오는 고달품은 살아있다는 행복
고달픔을 오징어처럼 질겅질겅 씹으며
극장에 앉아 있는 것처럼 오늘을 살자
그래도, 내일 아침 다시 세상이 밝아오는
변치 않는 약속이 있으니 얼마나 행복한 것이냐

그런 재미

오늘도 시詩나무 한 그루 가꾼다
물을 주기도 하고 거름을 주면서
시 나무를 가꾼다
아름다운 꽃송이 맺을 날 있으리라 믿으며
연약한 가지를 북돋아준다
비바람 불면 지지대를 세워주고
재미있는 이야기를 해주기도 하고
때로는 웃음꽃을 피워도 본다

수없이 넘어지다가 알았다
시 나무 키우기는 나를 키우기라는 것을
상처가 쓰라릴 때마다 알았다
시 나무 키우기는 살아 숨 쉬는 방법이라는 것을

두근두근 떨리는 소녀의 가슴처럼
아직도 꿈꾸는 아이처럼
피어나는 소망
새롭게 피어날 희망의 빛을 더듬으며
오늘도 나,
시 한 그루 가꾸는 재미에 푹 빠져버린다

나비와 청산

나비 한 마리가 꽃밭인 줄 알고 날아든 곳이
가시덤불이다
꿀 한 점 발견 못한 나비는 몸부림치다가
가시에 찔려 만신창이가 되었다
구사일생으로 빠져나온 나비
지천으로 피어있던 꽃은 보이지 않고
꽃인가 싶어 앉아보면
청산은 마른 낙엽 되어 정처 없이 떠나간다
쳐다보면 빈 가지들만 서러움 토해내고
돌아보면 빈 들판엔 바람이 차갑다
햇살은 산중턱에 걸터앉아 잡아보라는 듯
땅에는 발걸음 옮길 때마다 서걱이는 찬 서리뿐
-나비야 청산 가자 가다가 힘들면 쉬어나 가자- 고
했던가
청산은 사라지고 쉴 곳 찾아 헤매는 나비 한 마리

의식의 언저리

온종일 찌푸린 채 우르르 쾅쾅, 체한 걸 토해낸다
울분을 참지 못해 먹구름을 몰고 다니며 한바탕
막힌 속을 쏟아 놓는 하늘
검은 그림자처럼 가끔 우울이란 놈이 다가와
마음을 점령할 때가 있다
어제의 그들 웃음은 허무였나, 배반이었나,
인간은 군중 속에서도 고독을 느낄 때가 있다고 하던가,
해질녘 창문에 비치는 하얀 낮달처럼
스스로 이해할 수 없는 마음일 때가 있다
고독한 마음을 백지에 그려 낸다면
하얀 낮달처럼 창백한 모습이리라
시간이 남기고 간 푸른 멍 자국을 맴돌며
바람이 분다
맵고 독한 바람이 마치 꽃구름을 만들듯이
둥글둥글 원을 그리며 내 의식 언저리를 돌고 있다

그리움에 취한 밤

문득문득 봇물 터지듯 흘러내리는 것은
차라리 마른하늘에서 떨어지는
빗물은 아닐는지,
물길 따라 더듬어 간 어느 여름
초가집 마당 아름드리 삼단을 켜켜이 쌓아놓고
온 가족이 빙 둘러앉아 삼 껍질을 벗기고 있었다
비틀비틀 빨간 얼굴로 뒷마당을 부지런히 들락거리던
예닐곱 살 아이는 넘어지고 일어나면 또 넘어진다
그 모습을 보신 할머니
-얼라가 술 취한 사람처럼 왜 저러냐-

그릇은 장독 위에 그대로인데
한 방울도 남김 없이 감쪽같이 사라져 버린
막걸리 한 사발,
그 아이 이제 예순 고개 넘어선 나이,
아무것도 기억에 없지만
이제야 깨어난 듯 잠 못 들어 뒤척이는
가슴이 미어지게 젖어드는 밤이면
그때 막걸리 한 사발 들러 마신 아이처럼
그리움에 취한 밤, 비틀비틀 흔들리는 추억에 취한 밤

2부

쓸쓸한 허공이 너무 외로워

누구신가요

봄꽃이 화려하게 피었다
언제나 그랬듯이 꽃처럼
내 마음은 청춘의 푸른 숲

달콤한 사랑의 희열도
젊음의 화려한 꿈도
청춘의 피 끓는 열정도
아직은 모두 내 것인 양
가슴이 벅찬데

거울 속의 한 늙은이
당신 누구신가요?
한참 낯익은 얼굴인데
처음 보듯 낯선 당신
변명이라도 늘어놔야 할까 보다
지금 세상에 봄꽃 피듯
나에게도 꽃 같은 시절이 있었다고
나 아직 청춘의 피 끓는 열정 식지 않았다고
거울 속 당신 자꾸 나를 향해
입을 비쭉거리지만

시월의 마지막 밤

주룩주룩 비가 내린다
허전한 공간을 몸부림치며 적시는 빗소리
한 잔 가득 채워 놓고
안주로 빨간 단풍 몇 잎
바삭하게 튀겨 접시에 담아 놓고
빗소리에 취해 본다

티브이에서는
윤수일의 노래 '터미널'이 나온다
소녀가 가지 말라고
차창을 두드리며 울부짖는다
비는 내리고
소녀가 이미 떠나버린 밤거리
옛 추억을 생각하며
밤거리를 헤매던 남자도 막차 타고 돌아가고

지금 창 너머 어딘가에서
옛사랑이 그리워 울고 있는 사람이 있을지 몰라
빗소리는 밤새, 몸부림치며 창문을 두드린다
주룩, 주룩, 비 내리는

시월의 마지막 밤

백마강 푸른 물

부소산성을 굽이 돌아 낙화암 절벽에서 강을 바라본다
나라 잃은 설움에 꽃잎처럼 몸을 날린
백제 여인들의 눈물을 바라본다
굽이치는 물결은 아는지 모르는지 잔잔하게 흘러만 가고
물새들 속없이 한가로이 날고
고란사 스님
그녀들 영혼을 위로하는 목탁소리 청아하게 울린다
바위틈에서 솟아나는 약수
깊은 잠을 깨우듯 가슴속이 서늘하다
유람선 손님들을 태우고 눈물 젖은 백마강을 달린다
높은 절벽 위에
켜켜이 내려앉은 시간의 무게를 헐어내는 바람몰이
둥실둥실 강물 위에 뜬 흰구름을 제치고
고기를 잡아 올리듯 역사를 건져 올린다
그녀들의 푸른 넋의 진혼굿
바람꽃, 바람꽃 무리
부소산 산자락 휠휠 펄럭이며
목 놓아 부르는 백마강의 노래

머릿속으로

눈은 텔레비전을 보고 있다
캄보디아의 앙코르와트 풍경들이 지나간다
우뚝우뚝 서 있는 조각상들
조각상들은 깨어지고
머리는 머리대로 몸뚱이는 몸뚱이대로
화면이 돌아간다

머릿속은 끝없이 넓은 들판 길을 걷고 있다
가도 가도 끝없는 길 저 멀리 들판 끝에는
하늘과 땅이 한자리에 앉아 이야기꽃을 피운다
먼 길 달려온 하늘은 숨 헐떡이며
하얀 입김을 품어낸다
입김은 하늘하늘 엷은 커튼처럼
첫날밤 문틈 사이로
보일 듯 보이지 않는 신방을 가리듯
살랑살랑 하늘과 땅이 만나는 지점 어딘가에
둥근 불덩이 하나 뚝 떨어진다
안타까운 발걸음은 그곳까지 미치지 못한다
쳐다보면 길이 보이는데
발걸음은 가도 가도 끝없는 길을 걷고 있다

조각상들은 사라지고
무성한 푸른 숲이 화면을 채운다
새 한 마리 후드득 숲속으로 날아간다
눈은 새를 따라가고 발걸음은 날개를 단듯 가볍다

복수초 앞에서

깊은 산중 나무 숲속에
하얀 눈 이불 삼아 포근히 잠자던
복수초
아직 봄은 멀고 먼데
여린 입술로 호호 입김 불어
꽁꽁 언 얼음 녹여
고개 내민 꽃
신방 꽃 각시
샛노란 저고리 단아하게 차려입고
신랑을 기다리는 복수초
입가에 떠돈 미소는
영원한 사랑을 꿈꾸는 염원
이 골 저 골 찬바람 불어 계절이 엇갈리는
갈림길에서
신랑을 기다리며 떨고 있는
노란 꽃, 복수초

시가 있는 담장 길

부산 동대신동에 가면 시가 있는 담장 길이 있다
동신초등학교 긴 담장 길,
종종 시의 길을 걷는다
시가 있는 담장 길을 걸으면 시들이 내 가슴을 툭툭 친다
잊고 살았던 것들, 혹은 모르고 살았던 것들이
깊은 잠에서 깨어난다
천양희 시인은 '밥'이라는 시에서
삶은 어차피 밥처럼 자신이 소화해야 하는 것이라고 한다
어머니를 윗 눈꺼풀 안에 모시고 눈만 감으면
어머니가 보인다는 정근호 시인의 '어머니'라는 시는
곧 나의 어머니,
돌아갈 집이 있다는 것이 행복이라는
나태주의 '행복' 앞에서는 정말 행복해진다
무거웠던 삶이 가벼워지면서 콧노래가 흘러 나온다
천 시인의 밥을 생각하며 난 오늘도 밥을 먹었다
정근호의 어머니와 나태주의 행복을 생각하며
동신초등학교 시의 담장 길을 걸어가다보면
흐린 유리창을 말갛게 닦아 놓은 듯이
눈앞이 환해진다

야채장수와 황금부채

늦가울 야채를 싫은 트럭이 비탈길을 어렵게 내려간다
가장의 무게만큼이나 무거운 트럭
매일 골목을 누비며 외치는 소리
-감자, 오이, 양파, 고구마, 버섯이 왔어요-
아저씨가 외칠 때마다 트럭 위로
노란 은행잎이 우수수 떨어진다
저것들이 정말 황금부채였으면,
야채장수 아저씨는 부리부리한 두 눈을 크게 뜨며
두 주먹을 불끈 쥐고 골목마다 헤매고 다닌다
삶의 계곡처럼 이마에 주름살이 깊다
전봇대에 기대어 세워놓은 야채트럭이 조용하다
잠시 졸고 있는 야채장수 아저씨
땀에 젖은 이마를 쓸고 가는 바람
바람을 타고 황금부채 같은 노란 은행잎이 자꾸 떨어진다
살포시 잠들어버린 야채장수 아저씨
나는 차마 아저씨를 깨우지 못한 채 야채트럭을 기웃거리며
물건을 살핀다
계속 바람이 몰려오고
마치 황금벼락이라도 안겨주는 것처럼
트럭 위로 은행잎이 자꾸만 떨어져 쌓인다
저것들 진짜 황금이었으면

서러워 할 거 뭐 있나

하늘도 한바탕 울고 나면 시원하나 보다
어제 내린 비로 하늘이 산뜻하다
도로변 꽃댕강나무 하얀 꽃이
우아한 귀공녀처럼 피었다
작은 꽃이 여기 있다는 것조차 모른 채
나, 여기까지 왔구나
만나고 헤어짐이 내 마음 같지 않다고 하여
서러워할 거 뭐 있나
허공에 먼지 한 점도 아닌 것을
옷깃을 여미는 서늘한 길목에
소리 없이 날리는 꽃향기
눈물겹도록 향기롭다
하얀 꽃댕강나무 꽃
쓸쓸한 허공이 너무 외로워
길가 작은 나무에 내려앉은
반짝반짝 귀여운 아기별인 양
하얀 꽃길로 인도하는 미소
너에게 귀기울여 본다
작은 속삭임
나뭇잎 붉게 치장하는 계절에
나 여기 있음을 일깨워 주는 어린 꽃
눈물겹도록 향기롭다

장독대

뒤란 남향에 햇빛 마구 쏟아져 내린 곳에
옹기종기 모여 있는 장독대
노랗게 장이 익어갈 무렵
할머니는 장독을 자식처럼 쓰다듬으며
반질반질 윤이 나게 닦았다

장독 사이사이에 내리는 햇살을
받아 마시며 피어나는 채송화

달밤이면 장독 위에 맑은 정한수 떠 놓고
자식들을 위해 기원하시던 할머니의 기도

나, 지금 그때 할머니처럼
달빛 속에 정한수 떠놓고 기원드린다
채송화 곱게 피어 있는 장독대
자식들 세상의 꽃이 되어 달라고
세상 어딜 가든 칭찬받는 꽃이 되라고 기도한다
화답하듯 달빛 아래 장독들이 반짝인다

옹달샘 세상

아침까지 비가 많이 내리더니
아파트 공터 패인 자리에
예쁜 옹달샘 하나 생겼다

물속에 한 세상이 열린다
비둘기 한 쌍 잽싸게 날아와
물을 찍어 삼키고
나뭇잎 떨어져 나뭇잎 배 뜬다
파란 하늘과 흰구름이 안긴다
해도 안긴다
높은 아파트도 안겼다

바람에 물결이 사르르 일 때마다
나뭇잎 배 사르르 물결을 탄다
하늘과 구름이 사르르 흔들리고
해와 아파트도 가볍게 흔들린다
우리 사는 세상
이 작은 옹달샘 안에 다 있다

단정화와 초설

작은 언덕에 밥알만 한 단정화가 피었다
넝쿨식물 초설은 잎이 얼기설기 수를 놓은 듯
흰색 줄무늬가 핏줄처럼 얽혀 있고
붉은 속잎이 어린아이 볼처럼 여리다
바위 옆으로 물이 맴돌아 흐른다
벌 나비 찾아오고 새가 노래한다
꿈의 동산처럼 아름답다

나도 뚝배기만 한 화분에 마사토를 깔고
단정화와 초설을 심었다
작은 바위도 놓아주고 바위 옆으로
하얀 자갈과 파란 자갈로 물결무늬를 만들었다
'꿈의 동산'이라는 이름을 지어 팻말을 꽂았다
베란다로 옮겨 놓고 항상 바라보는
나만의 동산에
나비가 날아왔다
밥알만 한 작은 꽃이 한 우주를 품은 듯
바라볼수록 참 다정도 하다
얼기설기 얽혀 있는 초설의 모습도 정답다
저렇게 살아야 한다는 걸 비로소 배운다

들꽃처럼

공자왈 맹자왈과 함께 새벽을 여신
아버지의 구성진 말씀이 아직도
귓전에 맴돌고 있습니다
일을 하시면서도 밥상을 물리시고도
항상 재미있는 이야기를 들려주시던 말씀
물질보다 중한 것은 진실된 마음
권력으로 치장한 화려한 옷을 입은 사람 앞에서도
굽힘 없이
올바른 말 한마디 할 줄 아는 사람이 되라고 이르시던
말씀
동몽선습과 명심보감을 가르쳐 주시며
나는 너에게 한자를 가르치는 것이 아니라
이 책의 뜻을 가르치는 것이라 이르시던
그 구성진 이야기보따리를 어딘가에 던져 놓으시고
눈이 하얗게 내리던 날 홀연히
말 한마디 없이 먼 길 떠나신 빈자리
뜯다 만 일력처럼 시간이 멈추었습니다
차가운 바람 부는 황량한 들판에 외로운 들꽃처럼
자고 나면 황당한 이 세상에서
저도 흔들리고 있습니다

어린아이가 되는 방법

부산역에서 지하철을 탔다 옆자리에 앉아 있던 할머니가 길을 묻는다. 지하철에서 내려 126번 버스로 갈아타야 하는데, 어느 역에서 내려야 하느냐고, 서대신동역에서 할머니를 모시고 내렸다. 할머니의 짐, 검은 비닐봉지를 받아들고 버스정류소까지 안내해 드렸더니 검은 비닐봉지에서 대봉감 홍시 하나를 꺼내 주신다. 몇 번이나 거절을 하다가 마지못해 받아들었다. 곧 126번 버스가 오고, 할머니가 손을 번쩍 들면서 버스에 탔다. 천천히 움직이는 버스를 바라보며 안심이 되었다. 연세가 88세라는 할머니, 꼬부랑 허리에 지팡이를 짚고 짐까지 들었는데, 또 구포시장에 내려 소고기를 사 가지고 다시 버스를 타고 녹산까지 가신다고 했다. 잘 찾아가실지……. 할머니를 안내하는 나를 보고 있던 옆 사람이 고맙다며 칭찬을 했다. 나는 갑자기 대단한 일이라도 한 것처럼 어깨가 으쓱해졌다. 꼭 어린아이처럼, 칭찬을 들으니 정말 어린아이가 된 기분이었다. 칭찬 들을 일을 자주하면 어린아이가 된다는 걸 그 할머니가 가르쳐주고 간 것이다.

가을이여

그대가 떠난 후에야
그게 사랑이란 걸 알았습니다
사랑했노라고
마음 표현할 기회조차 주지 않고
별빛처럼 손 뻗으면 잡힐 듯 아득히
바라볼 수밖에 없는 허전함
내 마음은 아랑곳하지 않고
숨 가쁘게 달려와
마지막 정열까지 쏟아 부어
산천을 빨갛게 물들여 놓고는
다시 숨 가쁘게 떠나버린
가을이여,
그대가 남기고 간 흔적이
메아리 되어 허공을 맴돌고 있습니다
어제는 노란 은행잎이 우수수 지고
온몸에 몸살이 돌아 열꽃이 피고
몸져눕고 말았습니다
가을이여,
내년에야 돌아오겠지요 견우와 직녀처럼

일용할 양식처럼

아침 식전 삼십 분, 짝수 날엔
노란색 한 알
홀수 날엔 하얀색 반 알
시간체크, 삼십 분 후에 식사
갑상선의 정상적인 기능을 위하여

저녁 식후 삼십 분
반 알
식사 끝나면 시간체크
물 많이 마시고 곧바로 눕지 말 것
혈관에 둥둥 떠다니는 기름 청소를 위하여

한 달에 한 번 매월 같은 날
식전 한 시간에
한 알
허리뼈를 위하여

아프기, 약 먹기도 엄연한 삶이다
언제부턴가 일용할 양식이 되어 버린 약
갖가지 구색 맞춘 약
약이 양식이다

구름처럼

저렇게 가벼워야 오래 살 수 있다
높은 하늘에 둥둥 떠 있을 정도로
저렇게 가벼웠으면 좋겠다
비우고 비우고 또 비워야 한다고,
욕심 부리지 말고 살아야 한다고,
귀에 못이 박히도록 부모님이 일러주셨던 말씀대로
비우고 또 비우며 살려했는데 떨쳐내지 못했다
안 되더라, 죽어라 안 되더라,
오히려 덧붙여지고 그 위에 다시 덧붙여진 것들을
생살 뜯듯,
피를 뚝뚝 흘리며
뜯어내고 또 뜯어내 보았지만
안 되더라
구름이 한가롭게 떠가는 걸 볼 때마다
부모님 말씀이 떠오른다
말씀은 하늘에서 구름처럼 흐르는데
내 마음의 욕망은
가을날 열매처럼 살이 통통 여물어 갈 뿐
구름이 예쁘게 조개무지를 만들더니
양 떼를 만들기도 하고 꽃을 피우기도 한다
오늘 하루만이라도 구름처럼 가볍게 뜨자

밤바다는

어둠이 삼켜버린 밤바다
철썩철썩 아픈 소리만 들린다
도도했던 용맹은 사라지고
갈매기도 어디론가 숨어버린 바닷가
바윗돌에 몸을 던지는 파도
그 소리 요란해도
널 꽁꽁 동여맨 건 어둠이란 놈
바람이 등을 쓰다듬어도 위로가 되지 않는
밤바다의 울음소리
나도 꽃 같은 청춘을 도둑맞은 후
시퍼렇게 멍든 가슴을 끌어안고
몸부림쳤던 때가 있었지
어느 누구의 말도 위로가 되지 않았어
널 동여맨 어둠이란 놈은 밤새 버티다가
아침이 오면 사라지고 말겠지
해가 둥실 떠오를 테니까
난 그냥 가는 거고, 그냥 가야하는 거고

실종

국수를 먹다 맛이 없어 남겼다
국수가 한 끼 식사가 되기까지
얼마나 많은 노력이 필요한지
다 잊었느냐고
버려질 국수가 나를 빤히 처다본다
늦가을에 씨앗 뿌려 엄동설한 잘 견디고
이듬해 여름 거둬들인 밀
땡볕 아래 도리깨로 두들겨 맞는 고통
밀알들이 반항하듯
붉은 알몸으로 나뒹구는 마당
밀방아 찧어 국수 한 상자 뽑아다 놓고
점심이나 참으로 삶아내어
찬물에 헹궈 그대로 먹어도 맛있던 국수
국수 맛이 변한 건지 내 입맛이 변한 탓인지
알 수 없지만
세계가 이웃이라 힘든 노력 없이도
흔해빠진 게 음식인 세상
지천으로 쌓여 있는 수입 밀가루
바다 건너 먼 길 오다
맛은 바닷물에 풍덩 빠뜨리고 온 건 아닐까

꽃의 진통

꽃 피는 사월을 잔인하다고 했던가
때가 되면 꽃들은 피고 싶다
눈이 내려도 꽃은 피고 싶다
사월에 김천엘 갔다
과수들마다 앞다투어 하얗고 붉은 꽃을 마음껏 피웠다
꽃이 피었는데 벌 나비는 그림자도 보이지 않고
때 아닌 눈이 꽃 위에 꽃을 피웠다
꽃이 꽃인지 눈이 꽃인지
나무 꽃과 눈꽃, 꽃들의 전쟁
꽃의 고통
한 송이 꽃을 피우기 위해 꽃들이 겪어야 할 고통이
참담하도록 쓰라렸다
아름다운 꽃은 아름다운 것처럼
그냥 평화롭게 피는 줄 알았더니
사월이 되면
그 무엇의 방해도 핍박도 받지 않고 그냥 술술
피는 줄 알았더니,
내가 아이들 낳을 때 겪었던 진통처럼
꽃들도 진통을 겪더라, 더러 죽더라,

비익조처럼

날개가 있어도 날지 못한 새처럼
눈이 있어도 볼 수 없고
귀가 있어도 듣지 못하고
다리가 있어도 걷지 못한 새처럼
나는 나 혼자서는
아무것도 할 수가 없네요
서로 마주 보며 한 몸이 되어야 비로소
날 수 있는 새처럼
우린 서로 마주 보아야
저 푸르른 창공을 힘차게 날아오를 수 있잖아요
나 홀로
기다리다 해 저문 바닷가
지친 날개 파닥거리는 몸부림
핏빛처럼 붉은 노을빛 속으로
몰려가는 바람

3부

그 아래로 지친 하루가

허탈한 자유

장자크 루소를 생각한다
아파트 뒷동산, 샛노란 개나리 동산
버려진 하얀 토끼가 풀을 뜯고 있다 제멋대로
지겨운 사료를 생각하며 가끔 두 귀를 흔든다
처음엔 한 마리였는데 며칠 후 또 한 마리가 찾아왔다
어느 날은 언덕배기 풀밭에서
어느 날은 원추리 꽃밭에서
마음대로 풀을 뜯다 배가 불러지면
연분홍 영산홍을 이불 삼아 배를 깔고 잠을 자기도 한다
저렇게 마음대로 뛰어다니는 토끼를 보며
주인을 생각해 본다
그는 자유주의자인 모양이다
자유는 자유할 능력이 있을 때 자유라는 생각이 든다
주인은 장자크 루소의 사상에 무척 심취해서 토끼를 놓
아 주었나 보다
저 토끼는 자유 아닌 자유
허탈한 자유를 얼마쯤 누리며 살아 숨 쉴 수 있을까,
어느 순간 동산에서 저 그림 같은 장면이 사라져 버릴
지 몰라
조마조마한 마음으로 나는 토끼를 바라본다
날씨도 장마권에 들었다 장마가 끝나고 나면
다시 토끼들을 볼 수 있을까

성났다

나는 아마 몹쓸 주인인가 보다
내 몸을 마음대로 부려먹었다
벌겋게 성난 팔뚝
폐렴과 독감 예방주사를 맞고
하루쯤 푹 쉬라는 의사의 주의를 무시한 채
마구 사용해 버렸다
내 몸에 고장을 일으킬 때마다
군말 없이 선뜻선뜻 내어주던 팔뚝이
이번엔 단단히 화가 치밀었나 보다
토암산, 단풍 구경 가기로 했는데
단풍 구경도 포기하고
벌겋게 성난 팔뚝의 비위를 맞추느라
하루 종일 꿈나라를 헤맸다
벌건 대낮 쿨쿨 코를 골았다
콧소리에 놀라 깨었더니
팔뚝만큼이나 벌겋게 충혈된
붉게 물든 서쪽 하늘
그 아래로 지친 하루가
어둠이 내릴 채비를 하고 있다

그리운 아이

아버지께서 사다주신 털실로 짠 노란 목도리
일곱 살 아래인 동생이 그걸 갖고 싶어
늘 떼를 썼다 그럴 때마다 아버지는
내가 학교 다니느라 추우니 내가 둘러야 한다며
아직 학교에 다니지 않는 동생을 꾸짖고
어머니는 동생에게 좀 양보하면 어떠냐며 나를 꾸짖었다
그땐 무척이나 얄미웠던 동생
살아 있다면 지금 중년의 나이,
싸울 때 모습이 아직도 눈에 선한데
한창 피어난 꽃 같은 이십 대에
어린아이 둘을 남겨놓고 저세상으로 떠나버리고 말았다
가끔 어릴 때 모습이 꿈속에 나타나
마냥 즐거워하는 아이
오늘처럼 창 너머 메마른 가지 사이로
진눈깨비 싸늘하게 내리는 날이면
나도 모르게 흘러내린 눈물 속에 어른거리는 모습
목도리를 빼앗고 싶어 앙탈을 부리던 모습이
몹시도 보고 싶어진다

이름 모를 별

맨발에 누더기 옷 걸치고
십자가에 못 박힌 예수님처럼
온종일 땡볕 아래 팔 벌리고 서 있는
허수아비,
알찬 곡식 한 알 입에 넣어본 적 없다
허수아비처럼 지켜온 곡식으로
밤새워 술 빚고 음식 만들고 밥 지어
정월초하룻날
조상님 앞에 한상 가득 차려놓고
오직 가족들의 안위만을 비시던
어머니
지금은 밤하늘 어딘가에서
이름 모를 별이 되어
생전에 그랬듯이
지상의 우리들만 내려다보고 계시겠지요
성에 낀 유리창에
설핏
그리운 모습이 스칠 때면
내 눈길은 밤하늘 저 멀리
반짝이는 별빛 속을 밤마다 헤집고 다닙니다

그립다

이른 아침 눈뜨자마자 들려온 소리
재첩국 사이소!
아줌마가 머리에 무거운 재첩국 양철동이를 이고
오르막 내리막 이 골목 저 골목길을 누비며
외치던 소리
재첩국에 정구지를 총총 썰어 넣어
아침을 먹고 나면 속이 시원하게 풀렸다

언제부턴가 그 소리 사라지고 말았는데
언제부턴가 다시 등장한
재첩국 사이소 소리
반가움에 바깥을 내다보았더니
양철동이도 사람도 보이지 않고
스피커를 단 트럭이 지나가며
투박한 남자 목소리가 울려 퍼진다

쌀뜨물 같은 진한 재첩국,
젖먹이 어린아이들을 재워두고
꼭두새벽 무거운 양철동이 이고 다니며 외치던
그 목소리, 그 맛이 그립다

기다림

자동차 소리가 요란할 때마다
웅성웅성 지나가는 사람 소리 들릴 때마다
낯익은 얼굴도 찾을 사람도 없는데
베란다 창문 열고 슬그머니 밖을 내다본다
건너편 옥상에서 몇 개월 전부터
어미 고양이가 새끼 세 마리를 데리고 살더니
어미 고양이는 새끼 두 마리만 데리고 떠나버렸다

홀로 남은 새끼 고양이 한 마리

홀로 남은 새끼 고양이는 혼자 하루를 놀다가
해가 저물면 나뭇가지에 올라앉아
멍한 눈으로 거리를 바라보다가
인기척이 들리면 옥상 구석에 쪼그리고 앉아
길을 뚫어져라 바라보며 야옹야옹 울기 시작한다
떠나버린 가족을 기다리는 모양
어느 날 저녁 내 시선과 똑바로 마주치자
나를 바라보며 야옹야옹 우는 고양이
제 어미를 찾아 달라는 간절한 울음이
내 가슴을 알싸하게 할퀴고 지나가고 말았다
밤새 울어대는 고양이

길목

직박구리 새들이 떠드는 소리에
잠에서 덜 깬 나뭇가지가
놀라 두리번두리번 주변을 살피는 아침

어젯밤 비가 내려와
땅과 서로 얼싸안더니
생명들을 잉태했다
넓은 들판에 퍼진 수많은 생명들
왁자하게 수다를 떤다
간들간들 간지러운 몸짓으로

창틀 사이 빈 화분에 아직은 수줍은 듯
햇살조차 마주 볼 수 없다고
고개 숙인 채
파릇파릇 얼굴 내민 상추

엄마는 밑거름 되고 아빠는 생명수 되어
아름다운 세상을 만들어 가겠지
꽃 피고 열매 맺을 때까지

소음과의 동침

열대야 푹푹 찌는 한여름 밤
베란다 창문 활짝 열어놓고
거실에 누워 잠을 청해 본다
시끄러운 소리들이 세상을 가득 채운다

컨테이너 차 오르막 오르는 소린
나직이 헬리콥터 서너 대쯤 떠가는 것 같다
내리막 내려오다 신호등 앞에서 덜커덩 멈출 땐
땅이 진동한다
어딘가로 번개같이 달려가는 구급차 사이렌 소리
빵, 굉음을 지르며 달아나는 오토바이
어디선가 보채는 아이처럼 울고 있는 길고양이
나무마다 목숨 바쳐 울어대는 매미들

나는 소리들을 분석하기 시작한다
소리들이 저마다 살겠다고 발버둥 치고 있다
옛 시절 내가 한 땀 한 땀 삶을 바느질하듯
소리들도 저마다 살겠다고 아우성 치고 있다

오늘 밤잠을 소리들에게 반납한다
소리들이 내 속으로 들어오기 시작한다

있는 힘을 다해 밀어내려 해도 끝없이 밀려오는 소리들
차라리 소리들을 끌어안는다
넓은 대청마루에 큰대 자로 누워
함께 살자고 보듬었더니 그것들이 자장가를 불러준다
슬슬 눈꺼풀이 감겨온다

새 한 마리 살고 있다

나는 새 한 마리 키우며 산다
소리가 새소리와 비슷해서 삐용새라 부른다
나갈 땐 잘 다녀오라는 인사처럼 삐용, 삐용,
돌아오면 나를 기다리며 반갑게 울어주는
새소리를 하루에 한두 번은 듣고 산다
진짜 새소리도 마음으로 듣지 못하면 무슨 의미가 있을까
정작 새소리는 들을 기회가 드물지만
세상은 소리천국이다
음악 소리, 휴대폰 소리 많은 소리들로 시끄럽다
비록 기계가 울어주는 소리지만
문을 열 때마다 제일 먼저 반겨주는
우리 집 현관문에 살고 있는 새,
내 마음으로 파르르 날아온다
어제는 무슨 일인지 유난히도 시끄럽게 보챘다
푸른 숲이 그리운 탓일까, 외로워 짝이 그리운 탓일까,
오늘은 토라졌는지 힘이 없어 보였다
한참 후 돌아와 이름을 불러도 감감 무소식
집 안으로 들어갈 수 없는 나는
안절부절못하고 서성거리다
열쇠가게 전화번호를 눌렀다
열쇠가게 아저씨가 문을 열면서 하는 말,

우리 집 삐용새가 허기져 기운을 잃었고
이젠 나이가 들었으니
배가 고파도 배가 고프다는 소리를
여러 번 낼 수가 없다고 한다
나는 먹이를 주고, 배부르게 먹고 나서야 다시
신나게 조잘거리는 우리 집 삐용새

봄이 두려운 나무

나무가 울고 있다 서러워서 울고 있다
가슴에 뻥 뚫린 구멍이 시려 울고 있다
흡혈귀처럼 나무의 피를 뽑아 마시며
오래오래 살기를 원하는 우리
뼈를 깎는 고통을 참으며
나무는, 땅속 깊숙한 곳을 더듬는다
피가 되고 살이 될 맑은 물 한 방울을 찾아
상처에 새살을 채운다

한 해를 넘긴 나무들 상처가 아물었나 싶어
봄 새싹을 낼 준비에 여념이 없는데
다시 몸에 구멍이 뚫리고 빼앗기는 피
졸졸 물관을 따라 모조리 뽑혀 나간다
옛말에 삿갓 쓰고 부지런히 일해서 돈 모아 놓으면
갓 쓴 놈이 와서 다 가져간다고 했던가
나무는 서러워서 통곡한다
메아리치는 산 봄이 두려운 고로쇠 나무

가을이면

가을바람 촘촘히 거리를 쓸어 올 때
코스모스 시원하게 피어 있는 들길을
그 사람과 단둘이만 걸어보고 싶다

햇살 솔솔 내리는 언덕에 올라
파란 하늘을 한 자락 꺼내 덮고
그대 어깨에 지긋이 기대고 앉아서
속삭이듯 사르락거리는
억새풀 소릴 들어보고 싶다

까맣게 산머루 익어갈 무렵
그대 한 알 나 한 알 주고받으며
새콤달콤 스며드는 머루 맛처럼
우리 사랑도 알콩달콩 여물어 가고 싶다

빨갛게 단풍이 물들어 갈 때
고운 색 한 잎 골라 책갈피에 꽂아 두었다가
강물이 흘러가고 또 흘러가
코스모스 살랑살랑 또다시 피어날 때
문득 가을 언덕에서 내 소식 궁금할 그에게
억새꽃 꽃잎처럼 띄워 보내고 싶다

향연

— 소나무와 참나무

소나무와 참나무가 함께
살고 있는 산동네
소나무 왈,
참나무야, 너는 왜!
찬바람이 불어오면 알몸으로 서 있니?
가을이 오면 네 옷이 땅에 떨어지지 않도록
내 바늘로 꼭꼭 꿰매 주랴
참나무 왈,
아니, 옷도 패션에 맞추어 입어야지
상큼한 봄에는 연초록, 무더운 여름엔 시원한 진초록
가을엔 사색에 젖은 듯 갈색으로 겨울엔 축복의 하얀 옷으로
이제 곧, 하늘이 축복의 옷 한 벌 내려줄 거네
그렇게 철철이 갈아입는 것이 나의 멋이지
그런데, 소나무야 너는 왜!
바늘을 수천 수억 개쯤 달고 있으면서
네 몸에 두른 단 한 벌의 옷이 쩍쩍 갈라지고
동강동강 찢어졌는데도 기워 입지를 않는 거냐
소나무 왈,
내 옷이 갈기갈기 찢어진 것 같지만
휘몰아치는 눈보라도 가까이 접근하지 못한다네
내 옷이 갈라지고 동강난 것 같지만

칼날 같은 바람 앞에 한 치의 틈도 보이지 않는다네
강철 같은 갑옷 바로 그것이
나, 소나무의 매력이지
다른 어느 나무와도 비교할 수 없는 매력 말이네
그것 참 지겹기 짝이 없는 일 아닌가
일 년 내내 이 옷 저 옷 갈아입어 보는
재미도 없으니 말일세
나는 적어도 일 년에 네 번,
네 벌의 옷을 갈아입는 즐거움을 맛보지

소나무 왈, 하긴 각자, 사는 방법도 다르니까

늦추어지지 않는 시간

KTX는 신나게 달리는데
내 몸은 뒤로 뒷걸음질만 하는 듯
바깥 풍경도 따라서 뒷걸음질이다
뒷걸음질도 모자라 대전에선 꾸물꾸물
굼벵이처럼 기어 간다
대전에서 서울까지 일반철로 운행한다는
방송이 흘러나오고
오십 분 늦게 서울 도착,
언제부턴가 빨리빨리에 적응된 우리
부산—서울 대여섯 시간은 충분히 걸리는 거린데
두 시간대로 접어들면서
오십 분 늦다고 이렇게 지루할까
몸의 시간 때를 늦추려고 병원 문턱을 들락거리며
오늘 난 역방향으로 서울까지
늦추어진 오십 분, 식사 두 끼, 피 두 대롱,
한참이나 뒷걸음질한 것 같은데
정작 늦추어지기를 바라는 인생의 수레바퀸
왜! 앞으로 앞으로만 굴러가려고
꼬르륵 꼬르륵 신호음을 보내는가

단양 고수동굴

몇 억 년 전의 세계, 세상은 온통 어둠 속
밝음을 모르기에 환해지고 싶어서
수정처럼 맑은 빛을 내지만
보석도 아닌 것이 상아도 아닌 것이
세상을 지배하고 있다
그들은 고드름의 선조였나, 박쥐의 조상이었나,
모든 물체가 거꾸로 살아가는 곳
누구의 손도 빌리지 않았는데
아름다운 무늬를 새긴 것이 석수장이 장인인가 보다
인간 세상처럼 만들어진 갖가지 모양
계단식 논, 마리상, 천당못, 해파리 군락지
미켈란젤로의 그림 천지창조, 용바위 등등
서양의 유명한 건물 기둥이나 천장에 새겨진
그림을 보는 듯하다
닿을 곳이 필요해서 누군가와 마주 잡고 싶어서
손을 저어 보지만 허공에서 허우적허우적
땅은 멀기만 하다 언제쯤이면 닿을 수 있을까
아래로 아래로만 향하고 있다
지금도 그곳엔

바람만 외로운가

창밖엔 나목이 떨고 서 있다
바람은 민망스러운 듯 나무에게
눈길도 주지 않고 지나쳐 버린다
난 재빠르게 창문을 닫았다

이 집 저 집 기웃거려도 꼭꼭 닫혀 있는 창문
놀아 줄 친구 하나 없어 길거리를 어슬렁거린다
들판을 헤매고 다녀도 반겨주는 이 하나 없다
짓궂은 장난질도 해 본다 텅 빈 들녘,
가는 곳마다 푸대접 바람은 외로워
산골짝에 홀로 앉아 윙윙 서글픈 울음을 운다
울음소리는 조용한 골짜기를 메아리친다

바람만 외로운가 복잡한 도시
시끄러운 자동차 소리 끊이지 않지만
창문 꼭꼭 닫아걸고
마음조차 자신의 마음속에 가둔 채
새장 속에 갇힌 새처럼
언제나 썰렁한 집안에 홀로 갇힌 듯
창 너머 저 멀리 던져진
희미한 초점 없는 눈동자

바깥에는 새하얀 눈 소복소복 쌓여도
따뜻한 아랫목 이불 속에 발 넣고
옹기종기 모여 앉아 조잘조잘 끝없이 즐거웠던
아련한 추억 속으로
나, 미끄러지듯 빠져들어 간다

그곳은

꼬불꼬불 산길 따라 걸으면
철 따라 피는 꽃이 아름답고
처량하리만큼 빨간 단풍
뒷산 솔숲 눈이 시리도록 푸르게
그곳엔 세월이 멈추어 있다

성황당 앞 우뚝 선 돌탑
너와 지붕, 돌담 골목길
소가 밭을 갈고 도리깨로 타작하는
마당엔 빨간 고추가, 지붕엔 누런 호박이
처마 끝에 주렁주렁 달려 있는 시래기
골목길 들어서면 구수한 메주 띄우는 냄새
그곳엔 세월이 멈추어 있다

임진왜란, 한국전쟁,
군인도 피해 가고 총소리조차 건너뛰었던 그곳
소백산 끝자락 용산봉 중턱
전쟁을 피해 살았던 사람들의 피화기 마을
그곳엔 세월이 멈추어 있다

등이 굽은 할머니
병아리 떼 몰고 다니며 모이 쪼는 어미닭
헛간 위에서 꼬끼오 홰를 치며 우는 붉은 수탉
한 폭의 풍경화를 펼쳐놓은 듯
그곳엔 세월이 멈추어 있다

음식점 구멍가게 하나 없어도
삶에 지친 사람들이 잠시 쉬어도
마음이 맑고 편안해지는 시간조차 가고 싶지 않아
주저앉아 쉬고 있는 그곳엔 지금도
세월이 멈추어 있다

* 피화기마을 충북단양에 있는 산골마을

서글픈 대화

딸과 함께 북서울 공원엘 갔다
샛노란 개나리꽃이 활짝 피었다
하얀 벚꽃이 꽃 잔치를 펼치고 있다
꽃들은 봄인 줄 어떻게 알고
먼 길 도시로 찾아왔을까
누가 가르쳐주지 않아도
알아서 여기까지 찾아온 꽃처럼
산다는 건 저마다 제 갈 길을 가야 하는 것
난 무얼 하고 있나? 문득 가슴 치는 물음

옆자리 젊은 여자 대여섯 명이 주고받는 말이
내 귀로 솔솔 들어왔다
한 여자가 '대중탕에 갔는데 똥물이라 기분이 잡쳤다'
고 한다
다른 여자가 무슨 말이냐고 묻자
'할머니들이 떼거리로 탕 안에 들어앉아 있잖아'라고 한다
그녀들을 비켜나와 공원 끝을 향해 걸었다
올해 내 나이가 얼만지를 계산해 보았다
그녀들 말대로 나도 탕에 몸을 담그면
똥물이 되는 나이였다

나는 그녀들을 향해
'부디 그대들은 똥물이 될 때까지 살지 말거라'라고
당부를 하려다 생각하니 너무 잔인한 말이라 입을 닫고
말았다
그럼 빨리 죽어야 하지 않겠는가

방황

어디를 그렇게 헤매고 있니
생각의 꼬리가 잡히지 않아
엉뚱한 상상 속을 허우적거리며
입은 일요일이라고 말하는데
듣는 이는 금요일이란다
분명히 귀는 두 시라고 들었는데
상대는 두 시라는 말한 적 없단다
깜깜한 어느 골목길 모퉁이에
넌 혼자 서 있었지 주변엔 아무도 없었어
무척 외로워 이리저리 몸부림쳤지

어린아이가 깔깔깔 웃으며 다가와
손을 잡고 어디론가 가고 있었어
"넌 누구니? 난 돌아가야 해"
아이는 아무 말이 없었어
넌 아이의 손을 뿌리쳤지
아이는 따라오지 않았어

아이를 만난 건
그 아이가 무척 그리웠던 탓일 거야

시간 1

나는 언제나 그 자리에
가만히 있을 뿐인데
시간이 나비처럼 지나간 흔적
나에게 남겨 놓은 나비들의 발자국
사막에 부는 바람이
모래 위에 자국을 말끔히 지우듯
억울하다고
지워 달라 지워 달라 애원하고 싶은데
들은 척도 하지 않고 유유자적
내 주위를 맴도는 얄미운 나비들
한 마리를 잡아보려 해도
바람처럼 어느새 날아가 버리고
나의 이마에 머리에 고스란히
남겨 놓은 흔적

시간 2

나뭇가지 우듬지 끝에 매달려
늦가을 햇빛에 반짝이는
누렇게 잘 익은 모과 한 개
모과처럼 시고 떫은
서러움이 켜켜이 쌓여
곰삭아버린 텅 빈 가슴인 줄 알았는데
아직 걱정이 남아 있고 아픔이 남아 있다
속이 텅 빈 고목이 되려면
얼마를 더 참선을 해야 할까
정성을 다해 두 손 모아 빌고 또 빌 뿐,
아무것도 할 수 없는 힘없는 존재
얼음덩이 같은 가슴에 찬바람이 분다
해는 산 끝에 걸려 있어도
밤은 지나가고 아침이 오게 마련
봄이 오면 가슴은 텅 비어도
가지에 새싹이 돋아나고 꽃은 피게 마련

4부

해는 사랑도 하지 않나봐

강 건너기 1

조용하던 마을이 언젠가부터 시끄러운 풍물 소리로 어수선해졌다 골목마다 허공에 둥둥 떠 있는 주민들의 마음, 두셋만 모여도 쑥덕쑥덕 지금까지 잘 살아왔고, 많이 받았다는 사람도 있는가 하면, 어떤 사람들은 못마땅하다, 하룻밤 사이 여기저기 내걸린 빨간 현수막, 풍물을 치는 사람들의 몸에 두른 붉은 띠, 재개발 반대, 서구보건소 뒤편에서 서대신동 서부경찰서 뒤편으로 삼육병원 아래까지 다닥다닥 정다웠던 이웃이, 5,6,7구역으로 나뉘어 새로운 동네를 만들려고 한다. 아래편 7구역은 진통 없이 착착 진행되는데 5,6구역은 계속 불만의 소리를 내고 있는 형편, 더 나은 곳으로 간다는 것은 진통이 필요한지도 모를 일, 시끄럽고 어수선한 과도기일까, 지워질 오랜 역사의 흔적들이 아쉽다, 저물어 가는 2015년이 뼛속까지 앓고 있다.

강 건너기 2

햇살이 십자가에 앉아 쉬고 있다
화분이 놓여 있는 뜰은 고요하다
길 건너 빨간 벽돌집 작은 교회도 이제 떠나야 한다
온종일 양팔 벌리고 서 있는 담벼락 아름드리 느티나무
교회 밖 모퉁이 전봇대 옆
오지 않는 사람들의 손길을 기다리며
쓸쓸히 서 있는 공중전화 부스
교회 옆 5층 아파트 굳게 닫힌 창문
글자는 보이지 않고 너덜너덜 찢어진 채
담장에 걸려 펄럭이는 빛바랜 빨간 깃발이
저 혼자 재개발 반대를 외칠 뿐이다
마을 사람들은 이미 자신도 모르게
동네를 내어주었는데 자꾸만 돌아보는 아쉬움
한 해가 지나면 다시는 볼 수 없는 풍경들이
자꾸만 눈에 밟힌다

해는 사랑도 하지 않나 보다

이른 아침 바다가 커다란 불덩이를
수면 위로 힘껏 밀어 올린다
세상을 향해 점점 빛살을 내뿜는 해
해는 오늘도 하루 업무를 충실하게 시작한다
세상에 태어나 다시 바닷속으로 사라지기까지
오로지 제 코스만 반복하는 수레바퀴
저 엄정한 시간의 태엽을
누가 잠시만이라도 늦추게 할 수 없을까
누가 저 해, 가는 길을 가로막고 서서
잠시만 붙잡아 둘 순 없을까
해는 사랑도 하지 않나
사랑에 붙잡혀 갈 길을 잃어버릴 순 없나

지나간 것은 왜 슬플까

외길 따라 오르고 또 오른다
안개 낀 설산 자락 중턱
외롭게 피어있는 주홍빛 백합 한 송이
이슬 머금고 수줍게 고개 내민다

하늘과 맞닿은 정교하게 쌓아올린 돌벽
짙은 숲에 가린 채
어느 한 시대의 찬란했던 역사를 말해 준다
천장에 돌 막대를 걸치고 이층을 올리고
벽마다 창문을 내고
산꼭대기에 수로를 만들어 물을 끌어 들이고
적군을 피해 높은 곳으로 올라
안데스 협곡에 꼭꼭 숨겨놓은 도시
안데스 산맥의 기운을 받아 흐르는 계곡물
물은 지금도 유유히 흐르는데 도시를 텅 비워놓고
그들은 어디로 가버렸을까

뒤쪽 비탈길 층층이 쌓아올린 계단식 밭에
푸성귀 심어놓고 오순도순 둘러앉아
가족들과 이야기꽃 피우던 아마존에서 흘러오는 대협곡
"아무리 막강"의 맑은 물
지금도 파란데 그들은 모두 어디로 가버렸을까

티브이 화면에 비친 어느 산악인
빈 성터를 바라보며 놀란 토끼 눈이 되어
멍 하니 말문을 열지 못한다
잉카의 마지막 요새 “초캐키라오”
흔적만 쓸쓸히 후대인들에게
이런 도시가 있었노라고 말하고 있다

어떤 한의원 풍경

어떤 이는 허벅지를 어떤 이는 엉덩이를
혹은 허리, 다리, 어깨, 배,
그리고 축 늘어져 쭈그렁 망태 같은
젖가슴을 스스럼없이 내어 놓고
한의원 침대 위에 누워 있는 할머니들

흘러나오는 목소리에서
바라보는 눈빛에서
짓눌린 삶의 무게가 느껴지는데
그 틈바구니에서
여린 민들레 새싹 같은
초등생 일이 학년쯤 된 여자아이가
공부 잘하는 침을 맞으러 왔단다
헉, 모두 놀라는 숨소리
사람들이 의아한 표정으로 서로 쳐다보며 웃고
아이는 엄마 손에 이끌려
어쩔 수 없이 공부 잘하는 침을 맞는다
공부 잘하는 것도 치료하는 세상이라니,
허탈인지 희망인지 쓴웃음을 삼키는 할머니들

내 것이 아닌 내 것

인생살이 물처럼 흘러가는 걸
잠시 스쳐 가면 그만이라고
꿈도 희망도 한 조각 뜬구름인 걸
내 것인 양
안간힘을 쓰며 붙잡으려 애를 써도
잡힐 듯, 잡히지 않는 걸

내 마음도 내 것이 아닌 채
바람인 듯, 구름인 듯,
흔들리면 흔들리는 대로
그냥 그렇게 흘러가면 되는 걸

인생, 뿌리째 뒤집힌 허무의 언덕에서
마음을 비우자고 다짐하며
모두 놓아주면
훨훨 날아가 버릴 줄 알았는데
자꾸만 아려오는 가슴은
대체 누구의 것인가

지나간 세월에 대하여

입추, 말복이 지나고 백중도 지나갔다
처서가 내일 모래, 매미의 울음소리가 빨라졌다
얼굴을 스치는 서늘한 바람
뼈마디에서 바람이 난다고 하시던
할머니의 말씀이 떠오른다
파란 하늘은 꽃구름을 둥실둥실 띄워 놓았고
대지의 파란 잎들은 별처럼 반짝인다
그런데 한숨이 나온다
어디 나뿐인가 내 또래 모두
도둑 같은 세월이라고 또 봄이라고
금세 여름이 올 거라고, 아니 가을이 오고
금세 겨울이 올 거라고 한숨을 쉰다
사람들은 왜 한숨을 쉬는 걸까
우리 할머니처럼 몸에 바람구멍이 뚫린 탓
뼛속에서 바람이 난 탓
막막하기만 한데 지나가는 바람이 툭 친다
지금까지 잘 살아왔지 않느냐고,
그렇다 감사하자 살아온 날 허무만 남아 있다 하더라도
지금 살아 있음에 감사하자

하현달

베란다 창 너머로 하늘이 보인다
파랗게 펼쳐진 호수 위에
하현달 쪽배처럼 떠 있다
어디론가 흘러가듯
사공도 없이 저 혼자 떠간다

언젠가는 나도 저 쪽배처럼
흘러가리라
쉬어가는 항구도 없이
흔들흔들 그렇게 흘러가리라

어쩌면 지금 이 순간
나, 저 배를 타고 있는지도 모를 일
어느 낯선 항구를 향해 지금
넓은 바다를 가고 있는지도 모를 일

전성기

병풍처럼 둘러친 소백산 너머에서
가야산 슬그머니 곁눈질하는 산골마을
내 고향
고무신짝 벗어 송사리 떼 건져 올리던 냇가
버들피리 불며 놀던 시절

산 너머 저편에서
행복이 나를 기다려 줄 것만 같아
꿈에 부풀었던 시절

냇물은 흘러가고 꽃은 피고 지고
청춘의 화려한 꿈도 사랑도
고된 삶의 무게에 짓눌리고 만 시절
꽃잎처럼 바람결에 날아가 버린 시절

지나고 보니 숨찬 고개
한 고개 한 고개 넘었을 때가
생의 전성기였던 것을

비

비가 내린다 비는 빗자루 되어 대청소를 시작한다
담벼락 자동차 건너편 옥상에도 얼룩무늬가 사라지고
구석구석 먼지 한 점 남김없이 금세 깨끗해진 골목길

내 마음도 씻어주었으면
험한 세상 굽이굽이 헤쳐 오며
차마 내려놓을 수 없었던 아픈 사연들이
겹겹이 쌓여 있는 내 마음을

산뜻해진 산과 들엔 온갖 꽃들이
미인대회 나온 것처럼 봄이란 무대 위에
앞다투어 저를 표현하기에 바쁘고
있는 힘을 다하여 활짝 웃으며 포즈를 취하고 있다

그렇다 한순간이라도 저 꽃들만큼이나
나를 위해 최선을 다한 적 있었던가
마음껏 웃어 본 적 있었던가

성형 얼굴

말끔하게 다림질한
하얀 블라우스를 입고
거리로 나간다
지나가는 사람들의 구겨진 얼굴 위로
뜨거운 햇살, 붉은 불빛들,
얼굴 뜨거운 낱말들이 다림질을 하지만
늘어만 가는 주름살
못마땅한 사람들
세탁소가 아닌 병원 문턱을 들락거리며
다림질, 다림질, 다림질에 중독된
너도 나도 같은 표정
물고기 눈이 되어버린,
건드리면 바스라질 듯
얼었다 녹은 어설픈 얼음덩이 같은 얼굴들이
종종걸음으로 거리를 걸어다닌다

기억

또렷하게 떠올랐던 기억들이
희미하게 잊혀져 간다
아름답게 가슴 적시던 추억들이
안개 속처럼 흐려져 간다
손 뻗으면 잡힐 듯
다정했던 그대 손길도
가물가물 멀어져만 간다
차라리 멀리 던져 버리면
다시 돌아올까, 부메랑처럼
내 마음 따뜻하게 데워 놓고
기다리면
못 이긴 듯 다시 돌아올까
봄날 활짝 핀 꽃잎처럼
돌아오기를
봄 햇살에 눈빛 반짝이며
다시 돌아오기를
오늘도 창밖을 내다보며 기다리나니

산다는 것

8월 더위 속에 승학산에 올랐다
깊은 숲 골짜기의 맑은 물에 발을 담그고
신선처럼 비스듬히 누워
더위에 지친 몸과 마음을 달래본다
푸른 하늘엔 하얀 뭉게구름
구름이 서로 만났다가 다시 헤어지면서
어디론가 흘러간다
나 또한 어디론가 떠가는 구름 같기도 하다
지금까지 바람처럼 빠르게 달려온 길
무엇을 향해, 무엇을 위해 달려왔는지
알 수 없는 길,
앞만 보고 날아가는 허공의 새처럼
돌이킬 수 없는 길
가도 가도 알 수 없는 길
산다는 것
그냥 구름처럼 떠가는 것이다

지옥의 계곡에서

지옥의 계곡에 갔다 지옥의 계곡은 일본 북해도(홋카이도)에 있는 활화산이다

어릴 때 친구 따라 교회에 간 적이 있었다 교회에서 많이 들었던 성경말씀 죄를 지으면 유황불이 펄펄 끓는 지옥으로 떨어진다고 그곳에서 이를 갈며 슬피 운다는 지옥, 그 지옥의 계곡에 우리는 서 있다 무슨 죄를 얼마나 지었기에 이 무시무시한 지옥으로 끌려 왔을까 유황 타는 냄새가 진동하고 곳곳에서 솟아오르는 하얀 연기 물조차 못 견뎌 몸부림치듯 이리저리 분수처럼 솟구친다 뜨거운 물을 피하려는 아우성 소리 골짜기는 온통 흙도 물도 하얗다 간월천, 유황천, 탁한강, 물도 오래 머물고 싶지 않다는 듯 서로 앞다투어 먼저 빠져 나가려고 몸부림친다 신당 앞에서 무시무시한 지옥을 벗어나게 해 달라는 듯 이상한 손짓으로 기도하는 사람들 지옥의 계곡 옆에는 용암산이 솟구쳐 있다 보리밭이 2년에 걸쳐 솟아올랐다는 쇼와신산 백 년이 넘도록 무너지지 않고 붉은 흙이 굳어 정지한 활화산을 이루었다고, 그곳에서도 군데군데 구름처럼 하얀 연기가 피어오른다 입구 팻말 그림 속에는 수문장 도깨비가 망치를 들고 두 눈을 부라리며 지옥문을 지키고 서 있다 도깨비가 잠시 한눈을 파는 사이에 우리는 지옥의 계곡을 탈출하는 데 성공했다 '우리는 왜 지옥을 두려워하는가'라는 의문을 품은 채

팽목항의 눈물

팽목항에서 바다를 바라본다
너무 슬퍼서 고요하다
그날 잠들어버린 꽃별들이 물결에 어른거린다
차가운 물속에서 별이 되어버린 아이들
이름을 새긴 현수막이 바람을 탄다
슬픈 살풀이춤을 추듯 바람을 탄다
눈물조차 말라버린 울부짖음
검은 숯덩이처럼 타버린 가족들 가슴
잔잔한 물결은 말이 없다
통곡으로 물들었던 팽목항은
이제 진도항으로 부르기로 했단다
바람만 윙윙대는 팽목항
아니 진도항이 너무 슬퍼서 고요하다
돌아오지 못한 아이들 이름들이
바람을 탄다
한 맺힌 살풀이춤을 추듯
이름을 새긴 현수막이 바람을 탄다

준비 없는 이별

누구나 영원히 살아있을 것만 같은데
자신에게는 아무 일도 일어나지 않을 것이라고 믿고 싶은데
도둑처럼 찾아드는 이별,
이별은 준비해도 마음 내키지 않은 일
준비하지 않아도 내키지 않은 일
낚시 갔다가 쓰러져
갑자기 세상을 떠난 막내 시누이의 남편
구십 대 노모도 같이 가야 한다며 따라갔다

이렇다 저렇다 말 한마디 없이 떠나버린
인생이란 저런 걸까 오는 것도 모르고 오는데
가는 것을 언제 어디로 가야 하는지 알고 갈수 있단 말인가
시누이 남편의 그 좋은 체격이 눈에 아른거린다
그는 오래오래 살 것 같았는데

얼마나 하고 싶은 말이 많았을까
처음부터 끝까지 미안 미안하다고 말하고 싶었겠지
공중으로 피어오르든 연기가 어느 구름 속으로 사라져 버렸다
빗방울이 뚝뚝 떨어진다
내일은 비가 많이 온다는데 비가 되어
어느 낯선 곳에 떨어질지 모르겠다

왕벚꽃

은밀히 젖어 있는 연분홍빛으로
터져 버릴 듯한 입술을
꼭 다물고 있다
꽃샘바람이 스친다
금세,
눈물이 뚝뚝 떨어질 것만 같은
눈망울에
출렁이는 슬픔
비밀처럼
파릇이 돋아나는 보고픔
아득한 기억 저편에서
흰 돛단배 하나 어디론가
멀어져만 간다

자취

- 고성 공룡박물관을 다녀와서

지층이 층층이 쌓여 깎여진 협곡 아래 바닷가
파랗게 이끼 낀 바위 위에
뚜벅뚜벅,
잊지 말라고 발자취 남겨 놓았다
진흙이 굳어서 바위가 되고
비바람 수없이 스쳐 가도
차마 그 흔적 지울 수 없다고
바닷물은 부근까지만 와서 철썩이고 돌아간다
나 이렇게 바닷가를 거닐었다고
지층 속에 뼈를 묻어
나 이렇게 생겼다고 공룡은 말한다
거대한 몸집으로 한 시대를 살다간 공룡
타임머신을 타고 몇 억 년 전 바닷가를 걷는다
사나운 티라노사우르스에게 쫓겨가다
유순한 트리케라케톱스의 도움으로 위험에서 벗어난
만화영화 속의 두 아이
공룡은 아이들의 마음속에 영원히 살아있다
지금 뚜벅뚜벅 바닷가를 거닐고 있는 발자국 소리

달맞이꽃과 가로등

어둠이 내려앉은 어스름 골목길
외등 하나 깜빡인다
남몰래 뚫어져라 바라보는
눈빛 하나
지난 그믐 밤, 목을 빼고 기다려도
끝끝내 나타나지 않았던 달
지친 눈꺼풀 무겁게 깜박이던
무정했던 밤
수줍어 얼굴조차 마주 볼 수 없었던
첫날밤 족두리 벗겨 주던
새신랑의 다정한 손길이 그리운 새색시인 양
꽃단장 곱게 하고
골목길 모퉁이에 숨어 하늘을 본다
중천에 뜬 훤한 달
밤새, 기다림에 지친 고통도
약속했던 마음도 이슬처럼 녹아내리고
들뜬 마음 감출 길 없어 담벼락에 기대서서
배시시 웃음 짓는 샛노란 달맞이꽃

단풍

붉은 단풍잎 하나가
마지막 잎새처럼 나뭇가지에 매달려
떨어질 듯 말 듯 곡예를 하고 있다

찬바람이 마구 흔들어댄다
봄철 새순 나던 시절이 엊그제인데
억울해 차마 떨어질 수 없나 보다
산다는 것 붉은 단풍잎과 같아
지나가는 행인들이
발걸음 멈추고 바라본다

하루

방사성 입원실 퇴원하는 날
오늘따라 굼벵이처럼 느려터진 시계바늘
새벽부터 쳐다봐도 늘 그 자리에 머물고
창밖을 보니 아파트가 산을 막고 있다
뱃속은 올챙이 격투기라도 하는 듯
음식물을 모두 거부한다
그래 너희들 마음대로 해 보렴
노을 빛 붉게 물든 새벽바다 위에
배 한 척 띄운다
힘껏 노를 저어본다
내 몸 쉴 항구는 아직 멀다
하루는 시계바늘에 걸려 있고
배는 항구를 찾느라 산 아래를 헤맨다

가정과 식탁

남편들 회사에서 밀려나고
주부는 부엌에서 멀어지고
따끈한 밥, 보글보글 된장찌개
밥상에서 밀려났다

인스턴트 식품들이 채운 아침 한 끼
일회용 밥, 일회용 반찬
"진한 소갈비탕, 오백그람, 데워서 드세요
유통기한 2016. 7. 27"
그거나마
밥상에서 마주 앉아본 적 언제였던가

아이는 우유 한 잔
아빠는 빵 한 조각
엄마는 커피 한 잔
카페 메뉴로 바뀐 아침 밥상
카페 손님처럼 저마다
각자 따로 식사하기

봄 1

산기슭 물들인 분홍빛 진달래
소녀의 볼처럼 참으로 곱다
샛노란 개나리 울타리 너머
두근두근 행복한 사랑이 손짓하며
살포시 다가올 것만 같은데
꿈결처럼
어렴풋한 기억의 조각들만 남겨둔 채
어느새 내게서 떠나버린 봄
지금쯤 어느 언덕 밑에 꽁꽁 숨어 있을까
무디어진 가슴으로 봄의 끝자락을 붙잡으려는
내 마음을 아는지 모르는지
봄은 이미 성큼성큼 저만큼 앞질러가고 있다
뒤돌아보지 않고
첫사랑처럼 떠나 버렸기에
이토록 그리워지는 것일까

봄 2

기다림에 마음 졸이던 시간
얼음 녹자마자 성큼 다가오는 소리
골목길 모퉁이
목련 나뭇가지에 앉아
나 보기가 미안한 듯
빙그레 웃음 머금고 있다
등이라도 툭 쳐주었더라면
진작 돌아봤을 텐데
발소리 죽이며 찾아온 그댄
장난꾸러긴가 보다
그대 발자국 소리에
시무룩해 있던 산과 들에도
서서히 생기 돌아나고
내 마음은 즐거움 감출 길 없어
돌아서서 혼자 빙그레 웃음 짓고는
시치미 뚝 뗀다

관법

– 헤르만 헤세 『데미안』을 읽고

마음이 어지러울 땐
조용히 눈을 감고 자신의 내면을 들여다보아라

짙은 화장
공주병 외투로 화려하게 치장하고
할 일은 태산인데
손끝에 물 한 방울 묻히기 싫어
커피 한 잔 앞에 놓고
우아하게 앉아 있는 여자

가진 것은 몸뿐인 빈털터리가
고급 자동차를 타고 고급 레스토랑에서 식사를 하고
직업도 가짜 인생도 가짜인 채
진짜인 양 으스대며
뭇 여성들에게 슬쩍 추파를 던지며
호기심을 자극하려는 왕자병 신사

회식자리 얼큰하게 취한 술
비틀비틀, 걷어찬 빈 깡통 요란한 소리
고요를 깨뜨리고
몹쓸 놈의 세상, 터뜨리는 불만들이

허공에서 길을 잃고 방황하는
컴컴한 골목길의 유혹

온화한 가정 탄탄한 직장
순종적 아내 믿음직한 가장
하루해가 짧게 정신없이 뛰어다니는

그도 너, 그도 너,
바로 그대 자신인 것을

*관법; 불교 용어로 자신의 마음을 들여다보는 것.

| 후기 |

다시 삶을 짓다

김 태 림

시내 상가를 걷다보면 한복집 가게마다 '한복연구가 ○○○'라는 간판이 많이도 눈에 띄었다. 나는 자칭 '한복연구가'라는 사람들이 만들어놓은 한복은 어떤 한복인가 궁금해 자주 한복가게 앞에 붙박아 선 채로 유심히 살펴보곤 했다. 한복은 선의 흐름이 생명이라는 것은 상식이고, 자연히 내 눈길은 선을 따라 움직이게 마련이었다. 때론 고개를 끄덕이기도 하고 때론 고개를 갸웃거리기도 하면서 나야말로 길 위에서 한복에 대한 연구에 심취했다. 그런데 스스로 한복 연구가라는 사람들의 작품(한복은 작품이다)은 상업적인 냄새가 진하게 풍겼다. 한복이 상업적으로 보인 것은 연구가라는 명칭과 반비례한 탓이었다. 연구는 상업을 목표로 하기보다는 한복의 품격을 목적으로 한다는 내 나름의 신념 때문이었다. 상업적인 것은 공들인 흔적보다는 갖가지 디테일로 여성들의 눈을 현혹시키는 그런 느낌을 준다는 말로 이해하면 될 것이다.

그만큼 한복은 기도하는 마음으로 공을 들여야 비로소 한복이 탄생하게 되는데 감히 한복평론가처럼 비평을 가하는 데는 이유가 있다. 나도 자칭 한복연구가라는 자부심을 가질 정도로 한복 짓는 사람 가운데 한 사람인 까닭이다. 나는 어려서 성리학을 공부한 아버지로부터 동몽선습, 명심보감, 소학을 배울 정도로 옛 것을 숭상하는 가문에서 태어나 성장했다. 할머니와 어머니는 나에게 초등학교 입학 때까지 고운 한복을 지어 입혔고, 나는 고운 한복을 입고 동네에 자랑을 하러 다니곤 했다. 하얀 두루마기와 바지저고리를 입고 사시는 할아버지를 비롯하여 우리 가족은 주로 한복을 입었다. 그래서 어머니는 날마다 가족들 한복 짓는 것이 일과였다. 나는 자연스럽게 어머니로부터 한복 짓기를 배웠다.

투명한 가을 하늘 빛 같은 고운 명주를
가위로 새처럼 날듯이 사뿐사뿐
마름질 해 놓고는
세상에서 가장 가는 바늘을 골라
명주실을 꿰어
한 올 한 올 조심조심 씨실과 날실을 넘나든다
사르르, 사르르, 바늘이 지나간 자리마다
등솔이 올곧게 서고, 소매를 연결한 진동의 곡선이
청산유수처럼 흘러내린다

뜨끈한 인두를 입으로 호호 불어가며
뾰족한 인두 끝으로 살짝 눌러 살려낸
깃과 도련의 둥근 곡선이 조선여인처럼 조신하다
날렵하게 뽑아낸 앞섶은 미인도의 코
여인의 고운 목덜미를 상상하며
시원하게 내리뻗은 하얀 동정을 달고는
연 꼬리처럼 길게 늘어진 옷고름을 달아
저고리 짓기를 마쳤다
그리운 이를 목마르게 기다리듯
몇 날 며칠 불면의 밤을 지새워
남빛 명주저고리가 내 손에서 태어나던 날
터져 나온 나의 탄성
간절한 기다림 끝에 옥동자를 낳은 여인처럼
울컥해진 가슴을 타고 흐르는 진양조의 강물 소리

-「명주저고리」 전문

졸시 「명주저고리」처럼 나의 삶도 한복 짓는 일이 일상이 되어버렸다. 처음에는 재미로 했던 것이 점점 직업이 되어버리고 말았다. 명주는 옛날 사대부들이 즐겨 입었던 고급 소재로 성질이 사람으로 치면 이성주의라고나 할까, 겉은 차갑고 내면은 따뜻한 성질을 가지고 있다. 말하자면 내유외강이다. 명주를 만지고 있으면 부지불식간에 사색에 빠지게 되며 마음이 고요해지면서 깊숙이 침잠해지는 것이다.

그런 이유로 명주에 반했다. 섬세한 바느질을 요구하는 만큼의 고고한 품위를 선물해 주기 때문이었다. 나는 손님들 옷을 짓는 게 아니라, 손끝으로 아이를 낳는 마음이었다. 손님들이 옷을 찾으러 왔을 때 손님들에게 입혀놓고 바라보는 마음은 내가 낳은 아이를 바라보는 느낌이었다.

사실 투명한 가을 하늘빛 같은 명주를 펼쳐놓고 마름질하는 마음은 마치 수술대 위에 환자를 뉘어놓고 매스를 가하는 심정이다. 떨리고 긴장된다. 명주는 영점 일 밀리만 가위가 빗나가도 실패하게 된다. 매스를 잡은 의사의 손이 흔들리는 날엔 환자가 온전치 못하듯이, 명주의 올은 한 치의 오차를 허용하지 않기 때문이다. 또한 명주 바느질은 바늘 가운데 가장 가는 바늘을 사용해야 한다. 바늘이 영점 영영 밀리만 더 굵어도 명주는 올이 튀는 성격을 가차 없이 발휘하고 말기 때문이다. 바늘에 명주 성격과 맞는 명주실을 꿰어 바느질을 해 나간다. 바느질하기 까다로운 명주는 지극정성 공들여 바느질을 해 놓으면 그 열배 백배의 보답을 주게 된다. 즉 보람이다.

뜨끈하게 달궈진 인두의 열은 반드시 입김으로 불어야 가장 적당한 온도를 만들어낼 수 있고 입김으로 호호 불어가면서 인두로 살짝 살짝 눌러 살려낸 선은 예술 그 자체다. 날렵하게 뽑아낸 앞섶의 미인도의 코, 시원하게 내리뻗은 하얀 동정을 달고, 긴 고름을 달아 명주저고리를 완성하여 옷걸이에 걸어 놓고 바라보면 나만이 아는 기쁨이 물결친다. 그것에 이끌려 반평생을 한복 짓기에 바쳐 버렸다.

방사성 입원실 퇴원하는 날
오늘따라 굼벵이처럼 느려터진 시계바늘
새벽부터 쳐다봐도 늘 그 자리에 머물고
창밖을 보니 아파트가 산을 막고 있다
뱃속은 올챙이 격투기라도 하는 듯
음식물을 모두 거부한다
그래 너희들 마음대로 해 보렴
노을 빛 붉게 물든 새벽바다 위에
배 한 척 띄운다
힘껏 노를 저어본다
내 몸 쉴 항구는 아직 멀다
하루는 시계바늘에 걸려 있고
배는 항구를 찾느라 산 아래를 헤맨다

-「하루」 전문

그런데 반평생 한복 짓기에 빠져버린 나에게 불청객이 찾아왔다. 언제부턴가 아픈 것 같던 오른쪽 어깨가 단단히 고장이 나고 말았다. 병원에 다니며 치료를 받아도 좀처럼 좋아지지 않았다. 치료 잘하기로 소문 난 정형외과를 시작으로 한의원에 다니며 침을 맞는가 하면 심지어 벌침까지 맞아 보았지만 효과가 없었다. 생각다 못해 고려대학(안암)병원에서 MRI를 찍었더니 수술을 해야 한다고 했다. 의사선생님은 MRI 사진을 설명하면서 한숨을 쉬었다. 힘줄이 다 끊어져 달랑거리는 상태라고 했다. 영상으로 본 내 어깨는 하얗게 길어 나온 뼈가 보이고, 너덜너덜해진 어깨 근육이 보였다.

그때 나는 방송통신대학교 공부를 하는 중이었으므로 1학기 기말시험 끝내고 수술을 하기로 했다. 몸을 방치해 두었다는 것에 놀라 그해 받아야 하는 무료건강검진도 받기로 했다. 갑상선 초음파를 받을 때 담당의사 선생님이 초음파 기계를 목에 가져다 대면서 물었다. 갑상선 검사해 본 적 있느냐고, 예, 라고 대답했다. 2년 전 건강검진 때 피검사로 갑상선 검사를 받은 적이 있었다. 물론 그때는 이상이 없었다. 그런데 이번에는 내 목에 혹이 주렁주렁 하다면서 그 가운데 큰 것 두 개는 조직검사를 하고, 일주일 후에 결과를 보러 갔다. 담당 선생님이 컴퓨터 화면을 이리저리 돌리면서 조직 검사를 한 두 개의 혹 중에 큰 것 한 개가 암으로 나왔다며, 수술을 해야 한다고 했다.

이번에는 갑상선 수술에 필요한 서류를 만들러 다녔다. 눈물이 줄줄 흘러내렸다. 어깨수술만 해도 큰 걱정인데 갑상선 암이라니……. 두려워하는 나에게 간호사가 갑상선암은 수술만 하면 괜찮으니 걱정하지 말라며 위로를 했다. 집으로 돌아오는 지하철에서도 눈물이 줄줄 흘러내렸다. 아무리 참으려고 애써도 소용이 없었다. 사진을 들고 어깨수술을 하기로 한 고려대학 병원으로 갔다. 사진을 본 의사가 조직검사를 하지 않은 것 중 한 개도 암일 가능성이 높다고 했다.

그때는 학교 기말시험 기간이었고 나는 그 와중에도 문화교양학과 1학기 기말시험을 치르고 수술을 하기 위해 서울로 갔다. 갑상선 수술 날짜가 어깨수술 날짜보다 며칠 빨랐다. 비가 억수같이 쏟아지는 날 오후 입원을 하고, 이것저것 검사를 받았다. 그리고 다음 날 아침 일찍이 수술실로 갔다. 수술실은 무척 추웠고 여러 개의 불빛 아래 내 침대가 멈추었다. 마취에 잠들었다 깨어 보니 입에는 산소마스크가 씌워져 있고, 목에는 피 주머니가 달려 있었다. 목이 바싹바싹 타고 잠이 쏟아지는데, 물을 마셔도 안 되며, 잠을 자도 안 된다고 당부했다. 심호흡을 쉬지 않고 하라고 했다. 그래도 잠이 들려고 하면 우리 아이들이 놀라 흔들어 깨우곤 했다.

그렇게 시간이 지나갔다. 병원침대에 누워, 바깥을 바라보노라니 때마침 비에 흠뻑 젖은 나뭇가지들이 축 늘어져 있었다. 내 모양처럼 보였다. 새벽녘 저 멀리 안개 속에 묻힌 도시의 풍경이 마치 만화영화 속 마법의 성처럼 다가왔다. 산다는 게 무엇인가? 하는 질문과 함께 불현듯 시가 쓰고 싶어졌다. 인간이 세상에 왔다가 남기고 가는 것은 정신일 터, 그래서 어서 빨리 시를 쓰고 싶은데 또 수술을 들어가야 했다.

그렇게 갑상선 수술이 끝나고 일주일 쉬었다가 어깨수술을 위해 정형외과에 입원했다. 담당의사 선생님이 내 경우는 다른 사람보다 훨씬 더 아플 거라며 무통주사도 맞아야 한다고 했다. 다음 날 아침 다시 수술실로 갔다. 수술실은 역시 춥고 을씨년스러웠다. 천장에는 커다란 로봇팔 하나가 달려 있었다. 수술이 끝나고 마취에서 깨어나자 보호대에 걸려 있는 팔이 통증으로 너무 고통스러워 견딜 수가 없었다, 입에서 신음 소리가 저절로 터져 나왔다. 회복실에서 진통제를 세 번이나 맞고 입원실로 갔는데도 아파서 견딜 수가 없었다. 이미 무통주사를 놨는데도 소용이 없었다. 진통제를 놔달라고 애원을 했다. 두 시간이 지나야 맞을 수 있다고 했다.

두 번의 수술을 마치고 서울에서 3개월 만에 부산으로 내려왔다. 이제부터 갑상선암 수술 후속조치로 방사선 치료가 남아 있었다. 갑상선 암이 작기는 하지만, 두 개나 되어 혹시라도 전이가 되었는지 몰라 방사선 치료를 해야 한다는 것이었다. 방사선 치료는 부산대학 병원에서 받기로 했다. 입원 전에도 방사선 몇 방울 떨어뜨린 물을 마시고, 발목에서 목까지 사진을 찍었다.

어깨수술로 인해 더 이상 한복을 지을 수가 없게 되었다. 생각해 보면 나는 몸을 내 마음대로 부려먹은 대가를 치른 셈이었다. 나는 늦깎이 04학번으로 방송통신대 국어국문과에 입학했다. 한복을 지으면서 공부하는 일은 여간 힘든 일이 아니었다. 공부만 열심히 해도 될까 말까 한 대학 공부였다. 그렇다고 한복 짓기를 게을리 하거나 자칭 한복 연구가들처럼 하기는 싫었다. 명장은 못되더라도 나름대로 한복연구가 정신으로 한복을 짓고 싶었다. 꼬박 밤을 새우는 일이 일상이 되었다.

나를 찾아온 손님들은 주로 신랑 신부가 결혼식 날 입기 위해 맞추는 옷들이었다. 단 한 시간이라도 약속을 어길 수 없거니와 바느질은 최고로 해야 했다. 찾아온 손님들은 하나같이 "바느질 솜씨도 솜씨지만 정성을 다해서 짓는다고 해서" 찾아왔다고 했다. 나를 신뢰하고 찾아온 손님들에게 최고의 만족을 안겨주기 위해 내 몸 따위는 아랑곳하지 않았다. 그리고 예비 신랑 신부가 옷을 찾아가면서 좋아하는 걸 바라볼 때마다 눈물이 핑 돌 지경으로 행복했다.

그렇게 바쁜 일상을 살면서, 일주일에 세 번 오후 7시부터 10시까지 교양과목 강의를 듣기 위해 학교에 가고, 일주일에 한 번씩 스터디공부에도 빠지지 않았다. 첫 시험이 지나갔다. 한 과목이 F였고 다른 과목들은 통과했다.

시험공부를 못한 셈 치고는 성적이 잘 나왔다고 생각했다. 그러나 학년이 올라갈수록 어려워질 것은 뻔하고, 이러다가는 졸업을 못할지도 모르겠다는 생각이 들었다. 밤 열두 시까지 일하고, 열두 시부터 공부에 매달렸다. 그렇게 살다 보니 어느덧 4학년이 되었다. 4학년 2학기부터 출석수업이 모두 리포트로 바뀌었다. 전공과목인 출석수업 3과목과 교양에서 1과목, 리포트는 모두 4과목이었다. 나는 리포트 4과목을 모두 만점을 받고 스터디 젊은 친구들에게 칭찬을 받았다. 마지막 기말시험이 끝나고, 부산대학교 앞 음식점에서 리포트 만점 받은 한턱으로 식사를 냈다. 국문학과를 졸업하고 다시 09학번으로 문화교양학과 3학년에 편입을 했다.

문화교양학과 3학년 2학기를 개강하고, 수술 후 겨우 추스린 몸이라 한참 동안 책을 들여다보면, 피로가 밀려왔다. 책을 보다가 쉬었다가를 반복하며, 공부만 하기에도 힘이 들었다. 그래도 무난히 3학년을 보내고 4학년 1학기 시간표가 인터넷 게시판에 뜨자마자, 재빠르게 도서관에서 책부터 빌려다가 리포트를 쓰고, 겨울방학 때 대략 준비해 둔 논문 계획서도 써 놓았다. 그리고는 방사선 치료를 하기 위해 입원했다. 준비물로 오렌지주스 1병, 물 2리터짜리 두 병, 새콤한 사탕, 껌 등을 준비해서 병원으로 갔다.

방사선 약을 먹는 방법과 입원해 있는 동안 어떻게 해야 하는지 설명을 들었다. 방사선 치료약을 주사기로 먹었다. 약을 먹는 순간부터 나는 죄인처럼 갇혔다. 그곳은 창살 없는 감옥이었다. 방사선 입원실은 일반인 금지구역이었다. 입구에 빨간 금줄이 쳐졌다. 식사시간이 되면 밖에서 "도시락입니다."라는 소리가 들렸다. 그때마다 나는 재빨리 사람이 보이지 않는 안쪽 구석에 가 있어야 하고, 밖에서 도시락을 지정된 장소에 놓고 가면, 나중에 가져다 먹고 철저히 분리수거 해 놓아야 했다. 물이나 오렌지 주스는 5분마다 한 잔씩 마셔야 했다. 간호사 실에서 내 행동 하나하나를 CCTV로 지켜보고 있었다. 그렇게 하루가 지나가고 나자 속이 울렁거려 음식물을 먹을 수가 없었다. 식사 몇 끼를 취소했다.

그렇게 감옥 같은 방사선 치료를 마치고 퇴원했다. 방에 누워 천장을 바라보고 있노라면, 마치 배를 타고 바다 한복판에 있는 것처럼 빙글빙글 돌았다. 그렇게 일주일을 보내고 겨우 바깥 구경을 했다. 눈앞에서 아지랑이가 아롱거렸다. 사람이 조금만 멀리 떨어져 있어도 누군지 알아볼 수 없었다. 때맞추어 지난겨울부터 신종플루라는 독감까지 유행하여, 고위험군에 속한 나는 바깥 출입을 금지해야 했고, 우리 아이들은 시시각각 전화를 걸어 밖에 나가지 말라는 부탁을 하느라 바빴다.

책을 잠시만 읽어도 피로가 밀려왔다. 누워 있어도 편치 않았다. 노상 TV만 보는데 놀라운 뉴스가 나왔다. 천안함이 느닷없이 두 동강이 나 46명의 우리 해군들이 목숨을 잃었다는 뉴스였다. 온 나라가 천안함 사건으로 시끌시끌했다. 자식을 잃은 부모들의 통곡 소리가 메아리쳤다. 정신이 번쩍 들었다. 저렇게 아까운 생명들이 죽었는데, 살 만큼 산 나 같은 사람이야 아무려면 어때, 지금 잘못된들 무엇이 아까워서 이렇게 처져 있단 말인가. 천안함 용사, 그들에게 부끄럽다는 생각이 들었다.

마음을 가다듬고 일어나 나머지 학기를 위해 도시락을 싸가지고, 도서관에 다니며 열심히 공부했다. 그쯤 되자 내 주위에서 나를 '독종,'이라고 불렀다. 그렇게 수술을 몇 번씩이나 하면서, 한 학기쯤 휴학을 할 만도 한데, 휴학 한 번 하지 않고, 계속 공부를 한다면서 국문과 친구들이 붙여준 별명이었다. 독종이라는 별명이 싫지 않았다. 그렇게 독종이라는 말을 들어가며 공부를 해 2011년 2월에 문화교양학과도 무사히 졸업했다.

숨소리조차 삼켜버린 채
부지런히 구르는 눈동자들이
세계 곳곳을 누빈다
고대 로마로, 인도 델리로, 라틴아메리카로,
로마광장의 높이 솟아 오른 오벨리스크,

시원하게 뿜어 내린 분수대,
도란도란 정다운 속삭임 깔깔거리는 웃음소리
어느 평화롭던 이들의 눈물이 이슬처럼 맺힌다
이슬람 사원 앞 계단을 올라 아담하고
평화롭던 팍스 무갈리카의
다양한 문화가 융합한 인도아 대륙의 관문 역할을 한 곳
도시의 젖줄 야무나 강과 갠지스 강 사이
사방이 툭 터진 인도 대평원이 펼쳐진다
상파울루의 대도시 빽빽하게 솟아 있는 높고 낮은 건물들
벌집 쑤시듯 돌멩이 하나 탁! 던져 보고 싶다
놀란 벌들이 윙윙 날아 나와 금세 온 도시를
에워싸 버린다 쓰디쓴 커피 맛에 놀란 벌들이 꿀인 양
살갗을 마구 찔러댄다
별빛이 반짝인다 숨소리를 꿀꺽꿀꺽 삼키며
사람들은 눈동자만 굴리고 있다

-「도서관 풍경」 전문

도서관에서 내면의 여행을 하는 사람들을 많이 봤다. 물론 나도 그 가운데 한 사람이었다. 그들은 모두 행복해 보였다. 물론 나도 행복했다. 무언가를 동경한다는 것은, 무엇인가를 추구한다는 것은 길 찾기이다. 어떤 생각을 하며 어떻게 살아야 하느냐의 길 찾기이다. 그것은 다름 아닌 지성의 꽃을 피우는 길이었다. 나는 그때마다 세련된 지성의 멋처럼 명주의 차갑게 빛나는 외연과 따뜻한 내면을 기억했다.

그리고 어깨수술로 인하여 한복 짓기를 그만두어야 하

는 나에게 글쓰기가 나의 반려로 등장한 것을 행운이라고 생각했다. 한복 짓기나 글짓기나 모두 삶을 변주하는 예술이기 때문이다. 예전에 한복 연구가들이 만들어 놓은 한복에서 상업적 흔적이 나타나지 않기를 바랐던 대로 이제는 다시 삶을 짓는 일, 시 쓰는 일에 오로지 순수한 열정으로 정신없이 취해보고 싶다. 새파란 반평생을 한복 짓기가 받쳐주었다면 이제는 글짓기가 나를 받쳐주고 있다. 아픔이 나를 성숙하게 만들어 주었고 또 다른 길을 안내해 준 것이다.

김태림 제2시집

산 쪽으로 창문을 연다

초판1쇄 발행 2018년 7월 30일

지은이 김태림
펴낸이 이길안
펴낸곳 세종출판사

주소 부산광역시 중구 흑교로 71번길 12 (보수동2가)
전화 051 – 463 – 5898, 051 – 253 – 2213~5
팩스 051 – 248 – 4880
전자우편 sjpl@chol.com
출판등록 제02-01-96

ISBN 979-11-5979-236-6 03810

정가 10,000원

이 도서의 국립중앙도서관 출판예정도서목록(CIP)은 서지정보유통지원시스템 홈페이지(http://seoji.nl.go.kr)와 국가자료공동목록시스템(http://www.nl.go.kr/kolisnet)에서 이용하실 수 있습니다. (CIP제어번호: CIP2018022909)